Die Technischen Hochschulen am Scheidewege

von Professor Dr.-Ing. Julius Schenk.

München und Berlin 1921.
Verlag von R. Oldenbourg.

Wir stehen in Preußen auf dem Gebiete der Reform der Technischen Hochschulen vor wichtigen Entscheidungen.

Professor Aumund, Referent für Hochschulwesen am Ministerium für Wissenschaft, Kunst und Volksbildung hat außeramtlich „Maßnahmen zur Reform der Technischen Hochschulen" herausgegeben, die zunächst nur Grundlage für Erörterungen in den weitesten Kreisen sein sollen. Der Verfasser hofft aber bereits am 1. Oktober mit der Durchführung der Maßnahmen beginnen zu können, und man kann wohl annehmen, daß er die Arbeit in der Hauptsache für abgeschlossen hält und mit der Verwirklichung seiner Pläne ernstlich rechnet.

Um so mehr ist es unsere Pflicht, wenn auch die Frist nur vier Wochen beträgt (am 1. Februar ging der Vorschlag den Hochschulen zu und am 1. März schon fordert das Ministerium die Berichte ein), gründlichst zu wägen, bevor wir wagen.

Der Vorschlag läßt das, was die offiziellen Verhandlungen über Reform bisher beschäftigte, zurücktreten; er ist als der eigentlich schon in der Vollendung vorliegende Plan des Ausbaues der Technischen Hochschulen anzusehen. Die neue Bezeichnung für die auszubauende Bildungsanstalt ist: Hochschule für Technik und Wirtschaft.

I.

Professor Aumunds Darlegungen haben leider den Mangel, daß sie die Aufzeigung der Grundlagen, aus denen die vorgeschlagenen Maßnahmen herausgewachsen sind und verständlich werden können, nicht enthalten. Der Verfasser ist sich dieser Unterlassungen auch bewußt; aber er hält es unter Hinweis auf die vielfachen Erörterungen der letzten Jahre für unnötig, noch einmal eingehend auf die Begründung der von ihm gestellten Forderung zurückzukommen. Ich kann nun leider diese Anschauung nicht teilen, und erlaube mir darum, eine Ergänzung vorzunehmen, die zum rechten Verständnis des erwähnten Vorschlages dienlich sein dürfte.

M. E. ist der Aufsatz des Professors Schilling: „Zur Ausbildung der Studierenden des Maschinenbaues auf der Technischen Hochschule", Z. d. V. d. J. 1920, Heft 7, der Vorläufer des Aumundschen Planes. Ich gehe deshalb bei meinen Darlegungen von der Arbeit Professor Schillings aus.

Bei Entwicklung des künftigen Lehrzieles gibt Professor Schilling von Technik und Wirtschaft eine Darstellung, aus der ich folgende Hauptsätze herausgreife: „Technik als Sache des Gestaltens, des Umwandelns greifbarer Stoffe (aber auch nicht greifbarer Stoffe, z. B. der Energieen — Schenk) nimmt ihre Aufgaben stets von der Wirtschaft entgegen. Die Wirtschaft stellt die Aufgaben, die Technik löst sie. Der Lösung selbst aber werden die Wege durch die Wirtschaft gewiesen. Es heißt dem Sprachgebrauch Gewalt antun, wenn man das Wirtschaften unter den Begriff des Gestaltens oder Bauens einbeziehen will. Schöpferisches Gestalten bedeutet schließlich jede selbständige menschliche Tätigkeit.

Der Begriff Wirtschaft umfaßt nicht nur die Umwandlung der greifbaren Stoffe, er umschließt vielmehr — und das macht den Kern seines Inhaltes aus — auch die Beziehungen zur Bedürfnisbefriedigung. Ohne diese Beziehungen hängt die Technik völlig in der Luft. Sie erst geben den tieferen Einblick in die Wirklichkeit, klären die Stellung der Technik in der Wirtschaft und fügen sie dem Ablauf menschlichen Tuns ein. Nur wenn man die Technik und damit die Technischen Hochschulen in diesen umfassenden Rahmen stellt, wird man den Forderungen der Wirklichkeit gerecht werden."

Daraus folgert Professor Schilling: Die Technik als Sache des Gestaltens, Bauens usw. kann keine Wirtschaftserziehung geben. Solche Erziehung muß besonders bewirkt werden und erfolgt am klarsten und sichersten an der Wirtschaft der Einzelunternehmungen (Fabrik), deshalb eine Hochschule für Technik und Wirtschaft, wobei für Wirtschaftslehre in erster Linie die Wirtschaft des industriellen Einzelunternehmens als Unterrichtsobjekt in Frage kommt.

Diese Auffassung erscheint für den ersten Blick als selbstverständlich, einfach und harmlos, erweist sich aber bei näherer Prüfung, wie ich noch zeigen werde, als völlig ungeeignete Grundlage einer Hochschulreform und von geradezu katastrophaler Bedeutung nicht nur für den Beruf des Ingenieurs, sondern auch darüber hinaus für die Kultur unseres Volkes. Ein tiefer Irrtum über das Verhältnis von Technik und Wirtschaft zueinander liegt nämlich der Auffassung des Professors Schilling und damit auch dem Plane Professor Aumunds zugrunde.

Das wahre Verhältnis zwischen Technik und Wirtschaft ergibt sich aus folgender Darlegung: Am Anfange war nicht die Wirtschaft, sondern nur das Bedürfnis, und dieses wurde durch das produktive Schaffen mittels des Erzeugnisses befriedigt. Bedürfnis und Produktion in Verbindung mit dem gegenseitigen Austausche der Produkte war die erste, die ursprüngliche Erscheinungsform der Wirtschaft: die Naturalwirtschaft. Diese Erscheinungsform liegt als Urtyp auch der heutigen so komplizierten Wirtschaft zugrunde: wie immer auch die Wirtschaft gestaltet sein mag, der produktiv Schaffende will sich selbst dienen, indem er anderen Menschen seine Erzeugnisse gibt; er will ein Produkt schaffen, das dem von ihm selbst gewünschten Gegenprodukt wertentsprechend ist. Die Weisungen für sein erzeugendes Schaffen erfolgen also

1. durch das Bedürfnis und
2. durch das vom Rechtlichkeitsgefühl getragene Gegenseitigkeitsverhältnis zwischen Erzeuger und Empfänger und nicht durch die Wirtschaft, wie Professor Schilling meint.

Die Produktion, der natürlich das Bedürfnis vorangeht, enthält alle Wesensmerkmale der Gemeinarbeit zur gegenseitigen Erfüllung der Bedürfnisse, und ist — als eine auf die Befriedigung aller Interessen von Anfang an gerichtete Tätigkeit — selbst schon Wirtschaft, während der in diesem Falle an sich noch einfache Austausch der Produkte nur ihr Vollzug, also gleichsam sekundäre Wirtschaftsform, ist.

Das Geld als Austauschmittel, der Handel, die Unternehmungen sind Erweiterungen der in den Grundzügen immer dem oben dargestellten Urtyp gleichenden Gemeinarbeit „Wirtschaft".

Das produktive Schaffen (Gestalten, Bauen usw.), also die Produktion, ist und bleibt mithin die Zelle der Wirtschaft, aus ihr entwickelt sich der ganze heute so komplizierte Wirtschaftsorganismus.

Die Technik als Sache des Gestaltens ist die geistig höchst entwickelte, umfassendste Produktion, und hat das gleiche Wesen wie ihre Vorläuferin, die erzeugend schaffende Arbeit des selbständigen Handwerkers. Die Technik hängt ohne das Bedürfnis nicht bloß in der Luft, sondern sie ist ohne Bedürfnis überhaupt nicht denkbar. Das Bedürfnis aber, nicht die Wirtschaft, stellt die Aufgaben, und die Technik löst sie, nach den aus sachlicher Zweckmäßigkeit und aus sozialer Sittlichkeit entspringenden Bindungen. Das Produkt soll bei eigenem Nutzen des Erzeugers gut und billig sein, dieser Grundsatz gilt für das Ganze, gilt für jeden Teil, ja für jeden Gedanken, der den Schaffenden bei seiner Arbeit beseelt und leitet. Die durch Sittlichkeit und insbesondere Gerechtigkeit geregelten Beziehungen von Mensch zu Mensch als die Grundbedingung des Zusammenlebens der Menschen kommen bei dem so aufgefaßten Schaffen in der elementarsten und erschöpfendsten Form zum Ausdruck.

Technik ist wie die Produktion des Handwerkers eine allen Interessen zugleich gerechtwerdende, erzeugend schaffende Tätigkeit, ist eben wegen dieser Tätigkeit selbst ebenfalls schon Wirtschaft, ist sogar wegen der ihr innewohnenden geistigen und umfassenden Hochwertigkeit die natürliche Zuchtzelle für die Erziehung zum Wirtschafter.

Selbstverständlich kann auch Wirtschaft ihrerseits, insofern nämlich, als sie wieder Bedürfnisse auszulösen vermag, also durch Rückwirkung, der Technik Aufgaben stellen. Im industriellen Unternehmen steht aber der verantwortliche Produktive des Unternehmens zwischen Unternehmer und Abnehmer. Er erhält seine Weisungen (oft in Verträgen niedergelegt) von beiden.

Professor Schillings Auffassung von der Wirtschaft leidet an dem Grundfehler, daß er Wirkung und Ursache verwechselt. Die richtige Auffassung dagegen ist diese:

Ursache der Wirtschaft ist das Bedürfnis samt dem Erzeugnis, welches das Bedürfnis befriedigt, und die Wirkung beider ist Wirtschaft. Prof. Schillings Grundirrtum in der Auffassung der Wirtschaft ist von folgenschwerster Bedeutung; denn er baut darauf eine Hochschule für Technik und Wirtschaft auf. Statt beim Aufbau der Hochschule dem Gesetze des Lebens, dem Gesetze der Wirklichkeit zu folgen, also gleichsam mit der Zelle der Wirtschaft zu beginnen, geht er vom ausgewachsenen und schon gänzlich differenzierten Wirtschaftsorganismus aus und läßt dabei ganz außer acht, daß das Gesetz der Entwicklung des Wirtschaftslebens heute noch genau so gilt wie am Anfang der Entwicklung der Wirtschaft. Was Ziel und Endpunkt, Gipfelung des Aufbaues sein sollte, stellt er also an den Anfang und macht es zum Fundamente, er kehrt also die natürliche Ordnung um. Er redet sogar einer vermeintlichen Technik das Wort, die von ihrem sie auch heute noch befruchtenden Wurzelboden völlig abgeschnitten ist und darum ganz und gar einseitig den außerhalb der Sache liegenden Interessen ausgeliefert wird. Er kehrt also nicht nur die natürliche Ordnung um, sondern er zerreißt, er zerstört sie. Aus dieser Naturwidrigkeit muß nicht nur für die Ausbildung des Ingenieurs, sondern auch für die Kultur überhaupt bei der großen Bedeutung, welche die Technik für die Kultur hat, der größte Schaden erwachsen.

Die Inangriffnahme einer Lehre der Wirtschaft erfordert eine Erfassung des Wesens des Aufbaues des gesamten Wirtschaftsorganismus an der Quelle. Solche Erfassung ist nicht möglich an der erweiterten Wirtschaftsform des Einzelunternehmens und noch weniger an der Spezialerscheinung des Einzelunternehmens der Großmassenfabrikation. Diese letztere ist die Plattform, von der aus Herr Schilling alles sieht. Schöpferisches Schaffen*) ist ihm wesenloses Nichts, nur das Fabrizieren allein und die damit zusammenhängenden Disziplinen, wie Arbeitslehre, Psychotechnik, Lohnlehre, Arbeiterfragen, Beziehung zu den Banken und anderen Unternehmungen (Syndikate, Kartelle usw.) haben noch Bedeutung für die Wirtschaftslehre. Stellt man sich auf diese Plattform, dann begreift man Herrn Schilling vollständig. Man sieht nur noch die unermeßliche Großfabrik für Massenerzeugnisse. Ganz richtig! Technik als Sache der Fertigung und des Fabrizierens erhält nach solcher Auffassung allerdings ihre Weisungen nur mehr vom Unternehmer. Von diesem Standpunkte aus sehe ich ferner manches, was man offen nicht auszusprechen wagte, verstehe ich es auch, wenn um solcher Wirtschaft willen Bedürfnisse künstlich geschaffen werden, ja ich erkenne schließlich auch noch, daß „es doch Dinge gibt, die nur für sich da sind", nämlich das Geld. Etwas aber sieht man von dieser Plattform aus allerdings nicht — und dies ist auch bei den vielen Gebäuden, Schloten und dem ihnen entströmenden Rauche und bei der nur für die Übersicht der Fabrik bemessenen Höhe der Plattform nicht möglich —, nämlich den weitab auf der Stätte seines bescheidenen Wirkens schaffenden selbständigen Handwerker, dessen Schaffensart — wie lächerlich! — Zelle des Wirtschaftslebens sein soll.

Wohin soll denn eine Ausbildung zum Wirtschafter führen, die den Ausgang der Wirtschaftslehre vom Einzelunternehmen oder gar von einer erweiterten Form desselben nehmen will und auf der Auffassung sich gründet, daß schöpferisches Schaffen, Gestalten, Bauen, reine, d. h. von der Wirtschaft reine, Kunstübungen sind? Solche, nach diesem Schema geordnete Ausbildung muß notgedrungen im Studierenden wieder das unheilvolle Mißverstehen produktiver Arbeit hervorrufen und befestigen, und ist daher geeignet, den Glauben aufkommen zu lassen, daß die Wirtschaft des Unternehmers allein Wirtschaft, allein Herrin ist, und die produktive Arbeit und als solche die Technik nur Magd des Unternehmertums ist. Der Unternehmer sieht ja nur zu sehr und einseitig auf den Erwerb und Gewinn, weil er unter dem Einfluß der eigenen Interessen steht, während der zwischen Abnehmer und Unternehmer stehende Produktive in der Lage ist, einen objektiven Standpunkt einzunehmen, und zwar deswegen, weil er ein gutes, billiges und zugleich nutzenbringendes Erzeugnis schaffen soll und will. Die von der Einzelunternehmung ausgehende Lehre wird durch diese ihre Einseitigkeit zum

*) Schaffung des Grundproduktes (siehe meine Schrift: Zur Reform des Unterrichtes usw.).

Nährboden für das so verheerend wirkende Unkraut der Selbstsucht, und damit ist gerade die Hauptaufgabe der Ausbildung zur produktiven Arbeit, die mit dem ihr innewohnenden sittlichen und kulturgebenden Bildungswert berufen wäre, der Selbstsucht, diesem Schädling des Gemeinwohls, wirksam entgegenzutreten, im Lehrplan gänzlich beiseit geschoben.

Welche Schädigung des Gemeinwohls, d. h. des Volkes, das gewiß auch berechtigte Anforderungen an solche Bildungsanstalten, die aus seiner Tasche unterhalten werden, stellen kann, würde demnach eine Hochschule der Wirtschaft bedeuten, die in erster Linie aus der Wirtschaft des Einzelunternehmens sich aufbaut? Ist die Wirtschaft des Unternehmers in jeder Beziehung auch eine Wirtschaft, die dem Gemeinwohl des Volkes dient? Es steht zwar jedenfalls nicht ohne Absicht in der Liste der Wirtschaftswissenschaften obenan die Volkswirtschaft. Ob Volkswirtschaftslehre den Studierenden den für die Erziehung zum Wirtschafter unbedingt notwendigen sittlichen Bildungswert bieten kann, diese Frage muß, vom pädagogischen Standpunkt aus betrachtet, verneint werden.

II.

Zum besseren Verständnis der weiteren Ausführung sehe ich mich genötigt, die Erörterungen, welche dem vorliegenden Aumundschen Reformvorschlage vorausgingen, auch hier heranzuziehen.

1. Riedler gab den Anstoß zur Inangriffnahme dieser Hochschulreform. Von den in erster Linie pädagogischen Forderungen Riedlers ist in dem Aumundschen Plane nichts mehr zu finden.

2. Die von den Studenten der Hochschulen einberufene Tagung von Professoren, Studierenden und Vertretern der Industrie stellt ihren „offiziellen“ Beschlüssen folgenden Satz voran: „Unabhängig (!) von der Frage, ob der gesamte Hochschulunterricht einer grundsätzlichen Umwälzung von pädagogischen Gesichtspunkten aus bedarf oder auf den Boden einer neuen Lehre gestellt werden muß, auch unabhängig von der Frage einer Schaffung einer Parallelabteilung an der Charlottenburger Hochschule, verlangt die aus Studierenden, Professoren und Vertretern der Industrie bestehende Versammlung der Dresdener Hochschultagung die sofortige Inangriffnahme einer Hochschulreform im Rahmen der bestehenden Organisation.“ Ich hatte nämlich als Referent in einer Rede den Antrag gestellt, die Beratungen über die Reform mit den Fragen: Was ist Ingenieurtätigkeit? Was ist Menschentum? Was ist Erziehung zu beiden? zu beginnen. Mit dem obigen Satze hat die Versammlung über die unbequemen Fragen sich hinweggesetzt.

3. Die Z. d. V. d. J. berichtet an ihre Mitglieder im Heft Nr. 52, 1919 über diese Dresdener Tagung: „Ein Gegensatz schien sich am ersten Tage zwischen den Hauptberichterstattern aufzutun. Während Herr Professor Heydebroek-Darmstadt die Jugend aus dem Materialismus des Studiums, dessen Ziel das Examen ist, dadurch retten will, daß mehr Bewegungsfreiheit geschaffen und jedem Unterrichtsverfahren freie Entwicklungsmöglichkeit gesichert wird, ein Ziel, das sich durch Umgestaltung des Unterrichtsbetriebes praktisch verwirklichen läßt, verlangt Professor Schenk-

Breslau, daß zunächst grundsätzlich das Wesen des Unterrichtes von pädagogischen Gesichtspunkten aus klargestellt wird. Er hält es vor allem für notwendig, das Lehrverfahren (sic!) so auszubilden, daß es den Menschen sittlich zu fördern, ihn zum ganzen Menschen zu erziehen vermag. Trotz aller Würdigung (!) dieses Gedankenganges beschloß die Versammlung, um ein praktisches Ziel (sic!) zu erreichen, daß den Beratungen der Fachabteilungen die vom Professor Heydebroek verfaßten Leitsätze zugrunde gelegt werden sollen."

4. Bei der Tagung in Halle stellte ich die gleichen Fragen wie in Dresden und führte deren Beantwortung in längerer Rede aus. Welche Aufnahme meine Darlegungen fanden, möge nur eine der vielen (aus dem Protokoll entnommene), aber für diese typische Erwiderung zeigen: „Die Worte des Professors Schenk sind goldene Worte für jeden einzelnen Lehrer. Ich halte die Schenkschen Vorschläge für sehr wertvoll und als geeignet für eine Fürstenschule. Wir können uns hier nur über die Organisationsfragen und über die Fragen der Kenntnisvermittlung unterhalten. Das pädagogische Element ist eine Frage der erzieherischen Kraft des einzelnen von uns und kann daher nicht Gegenstand von Kollektivbeschlüssen sein."

Man hat also die Pädagogik „als Angelegenheit des einzelnen und als Frage des Lehrverfahrens" aus der Unterrichtsreform ausgeschieden: Gewiß ein seltsames Ergebnis der gesamten Erörterung über Hochschulreform.

Wie wenig gründlich gerade die pädagogischen Fragen und Vorschläge behandelt werden, zeigt zunächst die Beurteilung, mit der man meine Vorschläge bezüglich der Reform des Lehrverfahrens abzutun suchte. Mit Fürstenschule, Meisterschule wurden meine Reformvorschläge beantwortet, man glaubte mit dem Hinweis auf die große Zahl der Studierenden meinen vermeintlich nur für wenige Studierende geeigneten Unterricht mit einigen Schmeichelworten erledigen zu können. Die Erfahrungen aber, welche ich . dem Reformunterricht an der Technischen Hochschule in Breslau gemacht habe, beweisen das Gegenteil. Ich habe in diesem Semester den Reformunterricht mit 190 Studierenden unter dem denkbar besten Erfolge durchgeführt. In einem Buche „Ingenieurarbeit" werde ich den neuen Unterricht der Öffentlichkeit zur Kenntnis bringen. Die Reformer würden darum, wenn sie auf Schwierigkeiten stoßen, die sich bei einer so vielseitigen Sache, wie es die Hochschulreform ist, ergeben müssen, gut daran tun, erst einmal die Überwindung der Schwierigkeiten wirklich zu versuchen, statt ein vorschnelles, wenn auch in schmeichelhafte Form gekleidetes, abfälliges Urteil über das vorgeschlagene Verfahren zu fällen. — Die Inangriffnahme einer pädagogischen Reform ist im Grunde sehr einfach. Man lasse doch jene, welche Neigung zur Lösung dieses Problems haben, arbeiten; zeigen sich Erfolge, so sind sie gerade auf pädagogischem Gebiete so überzeugend, daß jeder Lehrer, der Freude an seinem Berufe hat, die Anregungen aus solchen Erfolgen aufnimmt. Durch eigene Erprobung dieser Lehre wird man am besten erfahren, daß sie nicht einengt, sondern geradezu eine Befreiung erleben läßt.

Von Männern, welche über eine so wichtige Reform die Klärung herbeiführen wollen, sollte man aber doch erwarten, daß sie Lehrverfahren und Lehrplan auseinander zu halten wissen. Beim Lehrplane handelt es sich

1. um den organischen Zusammenhang der zur Ausbildung des Ingenieurs notwendigen Lehrfächer;

2. um die psychologische, d. h. dem Bildungsvermögen des Schülers entsprechende Aufeinanderfolge, also um den Aufbau der Lehrfächer und

3. um das zur Wahrung der lebenswirklichen Verbindung von 1. und 2. maßgebende Prinzip.

Was das Lehrverfahren anbelangt, an das allein offenbar die Herren Reformer bei ihrer Besprechung meiner Vorschläge denken, so steht es teilweise in engster Beziehung mit dem Lehrplane, teilweise ist es aber auch Sache des einzelnen Lehrers und seines persönlichen Lehrgeschickes.

Mir kommt es nur auf die Herausarbeitung des grundlegenden Prinzips an. Hierin liegt der pädagogische Kern der ganzen Reform. Es ist mir darum völlig unverständlich, wie man „unabhängig von pädagogischen Gesichtspunkten“ eine Hochschulreform in Angriff nehmen kann. Was mögen diese Herren sich wohl unter „pädagogischen Gesichtspunkten“ denken!

Wären den Erörterungen über Hochschulreform und dem Aumundschen Plane pädagogische Erwägungen vorangegangen, so hätte der im I. Abschnitte dargelegte Irrweg erkannt werden müssen. Solche Berufe, wie der des Ingenieurs, lassen sich vom Menschen, von seiner schöpferischen Grundkraft nicht trennen.

Man bedenke: muß denn nicht Wirtschaft das Menschentum widerspiegeln, da sie doch die Erhaltung der Menschheit durch Gemeinarbeit bezweckt? Liegt nicht in der Aufstellung einer Wirtschaftshochschule, die aus praktischen Gründen die Frage: Was ist Menschentum? nicht beachtet, eine Verkennung und Mißachtung des Wichtigsten, ein Widerspruch gegen die Förderung des Gemeinwohles, wie man ihn sich nicht schlimmer denken kann? Freilich, wenn die Meinung besteht, daß Unternehmerwirtschaft der Ausgang der Wirtschaftslehre ist, dann kann es schon verständlich sein, aus „praktischen“ Gründen vom Menschen zu abstrahieren und „zur Sache“ überzugehen.

III.

Ingenieur, Wirtschafter und Mensch werden zugleich, weil untrennbar, an der Arbeit der Technik durch Eigenarbeit herausgebildet, wobei Technik aufzufassen ist als geistig hochentwickeltes und umfassendstes schöpferisches, produktives Schaffen, als vollwertige, alle Interessen gleichbeachtende Elementarwirtschaft, als geeignetes Unterrichtsmittel für die Schule, um Arbeit als Ausdruck der menschlichen, geistigen und sittlichen Fähigkeiten durch Eigenarbeit zu lehren. Solche Herausgestaltung des Menschen, des Wirtschafters, bedeutet, daß der Lehrer das ganze Wesen der Technik als Arbeit in seinen Hauptquellen erfaßt hat und es den Schüler in seiner einfachsten Form am lebendigen Beispiel der wirklichen Berufsarbeit durch Eigenarbeit selbst erleben läßt und dann ihm zeigt, daß alles Weitere nur Wiederholung, reichere, vielgestaltige Verknüpfung ein und desselben Grundgedankens ist. Das ist mit wenigen Worten der Kern richtiger Lehre zum Ingenieur, zum Wirtschafter.

Der Studierende kann aber nicht mit der Berufsarbeit durch Gruppenvorlesungen und Besichtigung industrieller Betriebe vertraut gemacht werden, wie Professor Aumund vorschlägt. Der Studierende wird durch diesen, zwar unterhaltenden aber zeitvergeudenden Spazierritt verwirrt, und es entstehen in ihm falsche Vorstellungen von der Arbeit und vom Ingenieurberufe.

Auch „die Vertiefung des Studiums in den eigentlichen Fachgebieten durch vertiefte Leistung in den Einzelwahlfächern, als Beispiel für die Durchführung wissenschaftlich vertiefter Arbeit“, wie Herr Aumund weiter fordert, ist pädagogisch unrichtig und beachtet die Fehler nicht, an welchen der bisherige Hochschullehrgang so schwer leidet. Nach meiner Auffassung müßte das Beispiel der Durchführung wissenschaftlich vertiefter Arbeit eine Arbeitslehre sein, die pädagogisch wissenschaftlich vertieft ist, d. h. alles Wissenschaftliche, alles Besondere an der Arbeit zunächst zurückstellt, dafür aber alle Fähigkeiten der Sinne, des Gehirnes, die Schaffensgabe — den aktiven Kulturwert im Menschen — durch die Arbeit zur Geltung bringt und herausgestaltet. Aber solche pädagogische Vertiefung wäre ja gegen die Tradition der bisherigen Reform. Die Durchführung wissenschaftlich vertiefter Arbeit in Form gründlicher Einarbeitung in alle durch die Wissenschaft gewiesenen Wege, in die Methoden, ist dagegen die Vertiefung, welche Professor Aumund meint. Sie ist aber nur eine Vertiefung in Teilarbeit, d. h. eine den Menschen in all seine Fähigkeiten nicht vollerfassende Arbeit. Was also vorgeschlagen wird, ist im Grunde die bisherige Lehre, nur sollen an Stelle mehrerer einzelne vom Studierenden zu wählende Lehrgebiete treten.

Herr Aumund vertieft sich in der Tat gründlichst — in die alten Fehler! Ein Hauptmangel unseres bisherigen Unterrichtes ist ja doch gerade die Methodenlehre, das Turnen der Studierenden in den Methoden schon bei dem grundlegenden Unterricht. Der Erfolg dieses Lehrbetriebes ist keine Herausgestaltung des Menschen als Wirtschafter, sondern Heranbildung von Teilarbeitern, Theoretikern, Rechnern, geistigen Handlangern, die wieder nur durch Teilarbeit im Leben vorwärtskommen können, weil sie keine wirtschaftliche Ganzarbeit gelernt haben.

Ich will aber Herrn Aumund in der Beurteilung seiner Vorschläge Gerechtigkeit widerfahren lassen. Er muß nämlich solche Teilausbildung, wie Methodenlehre, Technik als Wissenschaft und Kunstübung anstreben; denn Technik ist für ihn und Herrn Schilling etwas Unganzes, Lebloses, sonst wäre ja die Lehre von der Unternehmerwirtschaft, die als Ergänzung hinzutreten und erst wahren Gehalt und Leben geben soll, unnötig.

Die Fertigung, Fabrikation und ihre nach Ausbau drängende Entwicklung muß freilich an der Hochschule die weitgehendste Beachtung finden, wenn eine gesunde Reform zustande kommen soll. Gerade in der jetzigen Zeit, wo Sparen, rationelles Arbeiten ein Hauptmittel sein muß, um aus unserer schwierigen wirtschaftlichen Lage herauszukommen, muß die Ausbildung in Fertigung, Fabrikation an den Hochschulen ganz besonders gefördert werden, und es ist Aufgabe der Spezialfächer, hierin Hilfe zu bringen und Vollwertiges zu leisten. Für die grundlegende Ausbildung dürfen aber die verschiedenen Formen des Ingenieurberufes, so sehr die eine oder andere im Wirtschaftsleben auch an Bedeutung gewinnt, gerade im Interesse des Sondergebietes nicht maßgebend sein. Nichts ist schlimmer als Spezialistentum von Anfang an, es führt zur Kurzsichtigkeit, zu gegenseitiger Zerreibung, statt zu fördernder Zusammenarbeit.

Die grundlegende Ausbildung muß vielmehr „den Ingenieur", die Herausbildung des Grundtyps von Ingenieur, aus dem alle anderen Formen des Ingenieurberufes gestaltet werden können, anstreben, also eine Vereinigung des entwerfenden und fertigenden Ingenieurs, und das ist gerade eine Berufsform des Ingenieurs, wie sie praktisch nur in kleinen Fabriken vorkommt. Hauptsache ist dann die Herausbildung des produktiv schaffenden Wirtschafters durch Eigenarbeit, und zwar Eigenarbeit in Erzeugung einfachster, vollständiger, lebenswirklicher, alle Anforderungen an den Ingenieur, sowohl in Entwurf wie Fertigung, gleichmäßig zur Wirkung bringender Industrieprodukte, wobei alle wissenschaftlichen und technischen Vollkommenheiten vorläufig zurückgestellt werden. Solche Industrieprodukte wären z. B. eine einfache Transportanlage, eine einfache Energieerzeugungsanlage, eine einfache Fertigungsanlage.

Es haben jene nicht unrecht, welche solche Lehre mit dem Schlagworte: „Maschinenbauschule" kritisierend bezeichnen. Vom Standpunkte technischer Vollendung oder hoher Wissenschaftlichkeit aus betrachtet mag man — das will ich, um die gegenseitige Verständigung zu erleichtern, gern zugeben — in dem Ausgangspunkt meiner Lehre für den Anfänger das Niveau der Maschinenbauschule sehen, pädagogisch betrachtet aber bedeutet dieser Ausgangspunkt eine hochschulmäßige Höhe, weil er bei dem Wesen, dem tiefsten Kern der Ausbildung zum Ingenieur, einsetzt, nämlich bei der Herausgestaltung des Menschen, des Wirtschafters, an produktiver Arbeit.

Aufgabe der Hochschule ist es, den Studierenden höher zu heben als die Maschinenbauschule es tut. Die Hochschule kann aber diese Aufgabe nur erfüllen, wenn sie dort anknüpft, wo der Studierende als Anfänger steht, und das ist zunächst ein Niveau, das in wirtschaftlicher Hinsicht nicht merklich von dem des Maschinenbauschülers abweicht.

Die Hochschullehrer würden beweisen, daß sie diese eigentliche hohe Aufgabe der Hochschule als Schule bisher noch nicht erkannt haben, wenn sie glauben, das Beiwort „hoch" berechtige sie, ihre Gelehrsamkeit nur ausstrahlen zu lassen und die Lehre geben zu können, ohne sich zum Niveau des Schülers herabzubeugen. Die Lehre würde dann auf majestätischer Höhe schweben, aber keine Schule sein, um den Studierenden aus der Tiefe seines technischen Unvermögens emporzuheben.

Solche grundlegende, auf die Herausbildung der Grundformen des Ingenieurs, des Wirtschafters hinzielende Lehre, wie ich sie vorschlage, wird ihn zu jeder Art des Spezialisten befähigen und den späteren Spezialisten zugleich in den Stand setzen, auf jedem Gebiete des Wirtschaftslebens sich richtig einzustellen; sie wird also auch, und zwar noch viel besser das erreichen, was die Herren Reformer wollen. Sie allein führt, weil sie zur Eigenarbeit erzieht, zur Herausgestaltung aller Fähigkeiten des Menschen; sie erschließt dem Studierenden den Sinn, der in schöpferischer, schaffender Arbeit liegt, prägt ihm die elementare Erkenntnis ein, daß es in der Zusammenarbeit der Menschen Rücksichtnahmen gibt, die den Bindungen in der Natur ähnlich sind, daß deren Beachtung für das Gemeinwohl unerläßlich und für ihn selbst der einzige Weg zum wahren Wohle ist. Endlich vermag solche Ausbildung — und das ist nicht als das Geringste zu bewerten — im Studierenden die schöpferische Gabe, falls er solche besitzt, zu wecken und in den Hauptanlagen herauszugestalten. Denn wichtige Kulturaufgabe der Hochschule ist, gerade die schöpferische Kraft des Volkes nutzbar zu machen und vor Verkümmerung zu bewahren. Solche Ausbildung wird den Geist und die Bedeutung produktiver Ingenieurarbeit dem Ingenieur selbst zum Bewußtsein bringen und ihm das Recht auf den Anspruch geben, als gleichwertig neben dem Unternehmer im Wirtschaftsleben eingereiht zu werden; sie wird schließlich auch die einzige Brücke zur Verständigung mit dem Arbeiter sein; denn sie fußt auf dem beide verbindenden Menschentum.

Der an sich richtige und mir sympathische Gedanke der Schaffung einer Hochschule der Wirtschaft bedingt also einen pädagogisch und sachlich richtigen Aufbau der Wirtschaftslehre, vor allem eine Schule grundlegender Wirtschaft, als Schule produktiver Arbeit mit dem Lehrstoffe „Technik als Arbeit“. Mit dieser Schule als Unterstufe steht und fällt der ganze Aufbau der Hochschule.

Auf diese vier- bis fünfsemestrige grundlegende Ausbildung folgt die Oberstufe in drei Richtungen:

a) besondere Produktion,
b) Unternehmung,
c) Handel.

Der Besuch der Oberstufe hat zur Voraussetzung den erfolgreichen Abschluß der Unterstufe. An einer für das Gemeinwohl des Volkes errichteten Hochschule der Wirtschaft soll jeder, auch der Handel Studierende, durch das Stahlbad produktiver Arbeit gehen, um hart zu werden gegen antisoziale Anfechtungen.

Soziale Sittlichkeit, solche kommt hier in Frage, ist im innersten Wesen des Menschen verankerte Hemmung antisozialer Triebe, entstanden durch die in mühsamer Eigenarbeit an sich selbst errungene Erkenntnis, daß in der Rücksichtnahme auf den Nächsten das Wohl aller, in der Befolgung dieser Gebundenheit die wahre Freiheit und auch das eigene Glück geborgen ist. Das produktive Schaffen zwingt den Ingenieur, die Gebote der Wirklichkeit, der Natur zu beachten und ständig unter Hemmungen zu arbeiten. An diesem Schaffen lernt der Studierende, daß das Beachten der Bindungen zum Erfolge führt. Dies gerade macht ihn frei und ist an sich schon eine Schule der Sittlichkeit. Diese Schule lehrt an Hemmungen sich zu gewöhnen und gibt die Einsicht, daß es nirgends, auch nicht im Wirtschaftsleben, unbedingte Freiheit geben kann, daß stets Abhängigkeiten, Zusammenhänge vorhanden sind, deren Beachtung zum Gemeinwohl zum eigenen Wohl führen und die Harmonie beider herbeiführen, deren Mißachtung aber trotz scheinbarer anfänglichen Vorteile letzten Endes auch Schädigung eigener Interessen bringen muß.

Herrn Aumunds Reform macht grundlegende Wirtschaftsausbildung unmöglich, da sie den Geist verkennt, der der Technik als produktives Schaffen (Gestalten, Bauen usw.) innewohnt, da sie ohne Pädagogik, ohne Herausgestaltung der Persönlichkeit Wirtschaftslehre lehren will. Die Aumundsche Hochschule für Technik und Wirtschaft kann bei solcher Sachlage nicht einmal eine Hochschule für gesunde Unternehmerwirtschaft sein, sie ist ein Bauwerk ohne Fundament, das in sich selbst zusammenstürzen wird und dabei dem Volke schweren Schaden bringen muß. Ohne grundlegende Erziehung für den tiefen Sinn der Wirtschaft, ohne Entfaltung des Menschen in all seinen Fähigkeiten wirken auf den Studierenden im Bereiche der sogenannten Wirtschaftswissenschaften Lehren ein, welche zum großen Teile als Wissenschaften noch in der Entwicklung begriffen und noch nicht ausgegoren sind, die je nach der politischen Anschauung der Lehrenden sehr verschieden dargelegt werden können. Die jungen Akademiker werden durch diese Wissenschaften nicht, wie man hofft, Führer, sondern Werkzeuge, die in der unrichtigen Hand nur zu leicht zu Geißeln des Volkes mißbraucht werden können.

Reicht denn der Blick dieser Herren Reformer wirklich nicht so weit, daß sie erkennen, wie ein solcher Reformplan systematisch jenem einseitigen, ungesunden, verderblichen Kapitalismus, den zu beseitigen wir uns aufs heißeste bemühen, geradezu erst recht die Wege ebnet? Sehen diese Herren denn nicht, daß durch solche Reform der Hochschule diese zur Schule des Mammonismus herabgewürdigt und eine so bedeutungsvolle Bildungsanstalt wie die Technische Hochschule geradezu zur Kulturgefahr werden muß, weil ein solcher Ausbildungsplan für eine Auffassung ausgebeutet werden kann, nach welcher der Mensch nichts, das Geld, der Erwerbsgewinn alles gilt. Soll denn gerade jetzt, wo wir daran gehen, in immer weiteren Ausbau den Menschen die Freiheit, die Selbständigkeit, die Eigenart wieder zu verschaffen und die Achtung vor seiner persönlichen Würde im Erwerbsleben wieder sicherzustellen, der Mensch der Knechtschaft der Dinge und deren Ausgeburt, dem einseitigen Kapitalismus, weiterhin ausgeliefert bleiben und das noch von Staats wegen? Gewiß soll die Hochschule der Vollkommnung der Wirtschaft dienen, aber da sie zugleich eine Kultur- und menschliche Bildungsstätte sein muß, so sollten ihre Vertreter gerade bei der Reform ihre Augen offenhalten, damit sie nicht dem Geiste der Auswüchse ungesunden Wirtschaftslebens verfalle; denn sonst müßten fürwahr die letzten Dinge ärger werden als die ersten.

Ich füge meinen Ausführungen den gleichen Schlußsatz an wie meiner Druckschrift: „Zur Reform des Unterrichtes des Maschinenbauwesens an den Technischen Hochschulen."

„Die Technischen Hochschulen stehen vor der entscheidenden Frage, ob sie, in den früheren Auffassungen befangen, in den Strudel eines geist- und seelentötenden Industrialismus sich hinabreißen lassen oder ob sie, die Zeichen der Zeit erkennend, zunächst allerdings gegen den Strom dieser verderblichen Auffassung schwimmend, durch gründliche Reorganisation der Ingenieurausbildung an der Aufwärtsbewegung unseres Volkes zur gehaltvolleren Höhe mitwirken wollen."

Die Technischen Hochschulen stehen also am Scheidewege.

Druck: Carl Dülfer in Breslau.

Über Hochschulreform habe ich folgende Schriften herausgegeben:

1. **Die Begriffe Wirtschaft und Technik und ihre Bedeutung für die Ingenieurausbildung.** 1912, 1913.

Erschienen im Verlage von Preuß & Jünger, Breslau, zurzeit vergriffen.

2. **Der Ingenieur,** das Wesen seiner Tätigkeit, seine Ausbildung: wie sie sein soll und wie sie ist. 1919.

Erschienen im Verlage von R. Oldenbourg, München-Berlin.

3. **Zur Reform des Unterrichts des Maschinenbauwesens an den Technischen Hochschulen.** 1920.

Erschienen im Verlage von R. Oldenbourg, München-Berlin.

Welche Aufnahme diese Schriften auch außerhalb der Fachkreise gefunden haben, mögen zwei nachstehend angeführte Besprechungen zeigen.

Eine von philosophischer Seite: In seinem Buche „Die Kulturmöglichkeit der Technik als Formproblem der produktiven Arbeit“ (Kritische Studie zur Darlegung der Zivilisation und der Kultur der Gegenwart). Vereinigung wissenschaftlicher Verleger, Berlin, schreibt Manfred Schröter:

„Ansätze zu analogen Zielen von technischer Seite her mehren sich in der neueren Literatur — das Wichtigste des uns bekannt Gewordenen scheinen die bedeutenden, am Einzelbeispiel der technischen Ausbildung den eigentlichen Kern der Sache treffenden Reformvorschläge von Prof. Dr. Julius Schenk, die in spezieller technisch-pädagogischer Beziehung vielleicht manches anschaulicher werden lassen, was hier beim Verfolgen großer abstrakter Beziehungen schematisch bleiben muß. Den Anregungen dieses »Predigers in der Wüste« wäre nur weitgehende Durchführung und Fruchtbarmachung zu wünschen.“

Eine andere aus den Sozialistischen Monatsheften, Heft 2, 1921:

Aus der längeren Besprechung mit häufigen Zitaten aus meiner Schrift: „Der Ingenieur“ greife ich nur folgende Stellen heraus:

„In Wirklichkeit legt er die Hand in die brennende Wunde der ganzen Ingenieurausbildung. Hierzu gibt er wertvolle Anregungen, die die Beachtung maßgebender Stellen verdienen.“ . . .

„. . . eine scharfe, aber nur zu berechtigte Kritik der Ingenieurausbildung an den Technischen Hochschulen.“

„Bis zu einem gewissen Grade treffen sich Schenk und Riedler in diesem Streben nach einer Reorganisierung des technischen Unterrichts, für die Schenk genau präzisierte Vorschläge macht. Die Gründe, die Schenk ins Feld führt, erscheinen mir aber zwingender; denn er ist von tiefem sittlichem Ernst und hoher Begeisterung für die ethischen Ziele des Ingenieurberufs getragen.“

Breslau, den 1. März 1921.

Prof. Schenk,
Technische Hochschule.

www.ingramcontent.com/pod-product-compliance
Lightning Source LLC
LaVergne TN
LVHW091732021026
849161LV00003BB/572